Mi biblioteca de Ciencias Biológicas

¿Las plantas tienen bebés?

Lisa J. Amstutz y Alma Patricia Ramirez

Rourke™

ANTES Y DURANTE LAS ACTIVIDADES DE LECTURA

Antes de la lectura: *Desarrollo del conocimiento del contexto y el vocabulario*

El construir el conocimiento del contexto puede ayudar a los niños a procesar la información nueva y usar de base lo que ya saben. Antes de leer un libro, es importante utilizar lo que ya saben los niños acerca del tema. Esto los ayudará a desarrollar su vocabulario e incrementar la comprensión de la lectura.

Preguntas y actividades para desarrollar el conocimiento del contexto:

1. Ve la portada del libro y lee el título. ¿De qué crees que trata este libro?

2. ¿Qué sabes de este tema?

3. Hojea el libro y echa un vistazo a las páginas. Ve el contenido, las fotografías, los pies de foto y las palabras en negritas. ¿Estas características del texto te dan información o predicciones acerca de lo que leerás en este libro?

Vocabulario: *El vocabulario es la clave para la comprensión de la lectura*

Use las siguientes instrucciones para iniciar una conversación acerca de cada palabra.

- Lee las palabras del vocabulario.
- ¿Qué te viene a la mente cuando ves cada palabra?
- ¿Qué crees que significa cada palabra?

Palabras del vocabulario:

- *estigma*
- *germinan*
- *polen*
- *tallos*

Durante la lectura: *Leer para obtener significado y entendimiento*

Para lograr la comprensión profunda de un libro, se anima a los niños a que usen estrategias de lectura detallada. Durante la lectura, es importante hacer que los niños se detengan y establezcan conexiones. Esas conexiones darán como resultado un análisis y entendimiento más profundos de un libro.

Lectura detallada de un texto

Durante la lectura, pida a los niños que se detengan y hablen acerca de lo siguiente:

- Partes que sean confusas.
- Palabras que no conozcan.
- Conexiones texto a texto, texto a ti mismo, texto al mundo.
- La idea principal en cada capítulo o encabezado.

Anime a los niños a usar las pistas del contexto para determinar el significado de las palabras que no conozcan. Estas estrategias ayudarán a los niños a aprender a analizar el texto más minuciosamente mientras leen.

Cuando termine de leer este libro, vaya a la última página para ver una **Actividad para después de la lectura.**

Contenido

Plantas bebé

¿Las plantas tienen bebés?

¡Sí! Las plantas se reproducen de diferentes maneras.

De flor a semilla

Una flor produce un polvo llamado **polen**. También hace néctar dulce.

¡Zzz! Una abeja liba el néctar.

El polen se pega a sus patas. Vuela hacia una nueva flor.

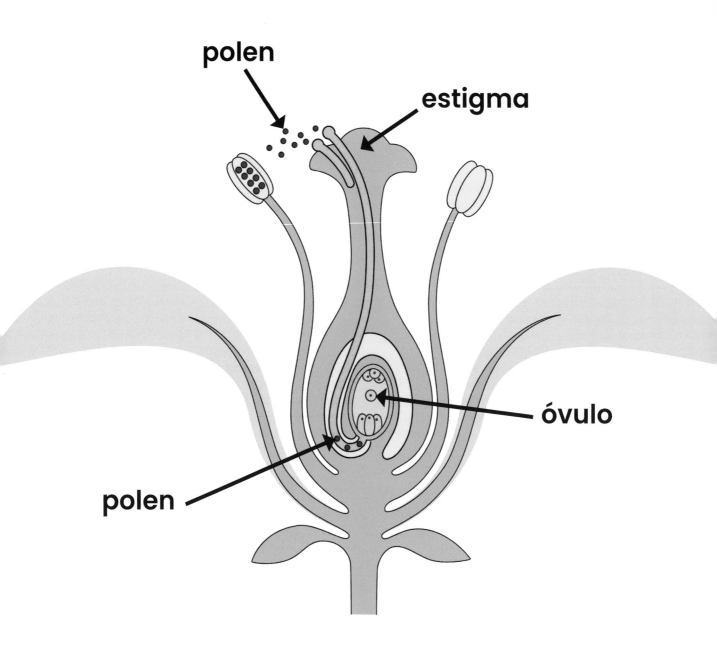

polen

estigma

óvulo

polen

El polen se pega al **estigma** de la flor. Se encuentra con un óvulo. Forma una semilla.

Ahora la planta produce fruta. Las semillas están adentro.

La fruta cae a la tierra. *¡Plaf!*

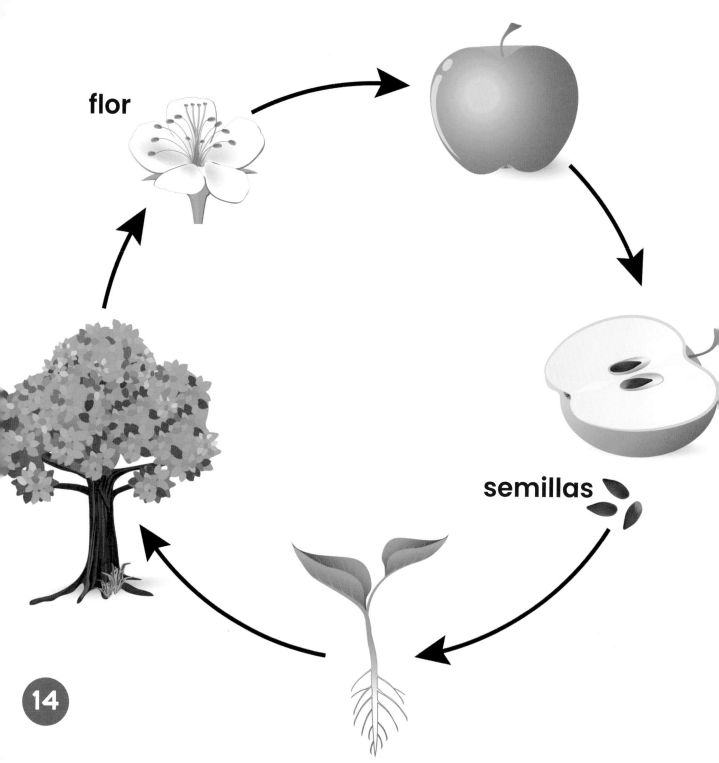

flor

semillas

14

Las semillas **germinan** y crecen.
Las nuevas plantas producen flores también.

¡No se necesitan semillas!

Algunas plantas pueden germinar sin semillas. Algunas tienen **tallos** largos llamados *estolones*.

Los estolones se alejan de la planta madre. ¡Crece una nueva planta!

Los brotes se pueden formar en las raíces o en los tallos. Las nuevas plantas germinan y crecen.

¡Mira! Los bulbos se dividen y forman más bulbos.

Cada uno forma una nueva planta.

Glosario fotográfico

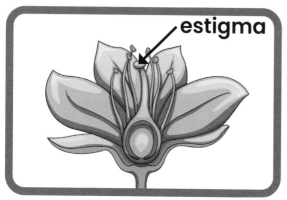

estigma (es-tig-ma): La punta del pistilo de una flor donde se recibe el polen.

germinan (ger-mi-nan): Comienzan a crecer y producen brotes.

polen (po-len): Granos diminutos que se producen en las flores. Los granos de polen son las células macho de las plantas que tienen flores.

tallos (ta-llos): Las partes altas de las plantas a partir de las cuales crecen las flores y las hojas.

Sembrar semillas

Las semillas producen nuevas plantas. ¡Siembra algunas semillas de frijol y míralas crecer!

Materiales

cuatro semillas de frijol

dos toallas de papel

frasco de vidrio pequeño

agua en una botella con atomizador

Instrucciones

1. Remoja las semillas en agua durante la noche.
2. Arruga las dos toallas de papel. Colócalas en el frasco.
3. Rocía las toallas de papel con agua hasta que estén mojadas, pero no empapadas.
4. Coloca las semillas entre las toallas de papel y los lados del frasco para que las puedas ver.
5. Coloca el frasco en una ventana donde le dé el sol. Mantén las toallas de papel húmedas. ¡Mira cómo crecen tus semillas!

Índice analítico

Acerca de la autora

Lisa J. Amstutz es autora de más de 100 libros infantiles. A ella le gusta aprender acerca de las ciencias y compartir datos divertidos con los niños. Lisa vive en una pequeña granja con su familia, dos cabras, una parvada de gallinas y una perrita llamada Daisy.

Actividad para después de la lectura

Mira en tu alacena o refrigerador. ¿Puedes encontrar semillas o frutas? ¿De qué tipo de plantas vienen?

Library of Congress PCN Data

¿Las plantas tienen bebés? / Lisa J. Amstutz
(Mi biblioteca de Ciencias Biológicas)
ISBN 978-1-73165-294-2 (hard cover)(alk. paper)
ISBN 978-1-73165-264-5 (soft cover)
ISBN 978-1-73165-324-6 (e-book)
ISBN 978-1-73165-354-3 (e-pub)
Library of Congress Control Number: 2021952188

Rourke Educational Media
Printed in the United States of America
01-2412211937

Editado por: Laura Malay
Portada y diseño de interiores: Nicola Stratford
Traducción: Alma Patricia Ramirez

Photo Credits: Cover logo: frog © Eric Phol, test tube © Sergey Lazarev, cover tab art © siridhata, cover photo © MISTER DIN, page background art © Zaie; page 4-5 © lovelyday12; page 7 © Marie C Fields; page 9 © Ikordela; page 10 © Aldona; page 12 © Aleksandra H. KossowskaGriskeviciene, page 13 © Lane V. Erickson; page 14 © Designua; page 16-17 © Volodymyr Nikitenko; page 19 © Vladimir Arndt; page 21 © Alexander Raths All images from Shutterstock.com